Giuseppe's Grand Gelato Adventure: Bilingual Italian-English Stories for Kids

Artici Kids

Published by Artici Kids, 2024.

GIUSEPPE'S GRAND GELATO ADVENTURE: BILINGUAL ITALIAN-ENGLISH STORIES FOR KIDS

First edition. May 30, 2024.

Copyright © 2024 Artici Kids.

ISBN: 979-8227179722

Written by Artici Kids.

Table of Contents

La Grande Avventura del Gelato di Giuseppe

IN UN PITTORESCO VILLAGGIO incastonato tra le dolci colline della Toscana, Italia, viveva un ragazzo birichino e curioso di nome Giuseppe. Conosciuto per i suoi riccioli selvaggi e un'immaginazione ancora più selvaggia, Giuseppe si trovava sempre nel mezzo di qualche deliziosa marachella. Ma il suo passatempo preferito era visitare la gelateria locale, di proprietà della gentile vecchia Signora Rossi, che faceva il miglior gelato di tutto il villaggio—forse persino di tutta l'Italia.

Una luminosa mattina d'estate, Giuseppe si svegliò con un'idea che gli faceva solletico alle dita dei piedi e battere forte il cuore. Oggi, avrebbe intrapreso una grande avventura per creare il gusto di gelato più straordinario mai immaginato! Corse giù per le strade acciottolate, i piedi che a malapena toccavano terra mentre si dirigeva verso la gelateria della Signora Rossi.

"Buongiorno, Giuseppe!" lo salutò la Signora Rossi con un caldo sorriso. Le sue guance rosee e gli occhi scintillanti la facevano sembrare una pallina di gelato alla fragola vivente.

"Buongiorno, Signora Rossi!" rispose Giuseppe, saltellando sui piedi. "Ho un'idea splendida! Voglio creare un nuovo gusto di gelato, uno che farà restare tutti in paese a bocca aperta!"

La Signora Rossi rise. "Oh, Giuseppe, hai sempre le idee più meravigliose. Cosa hai in mente?"

Gli occhi di Giuseppe scintillarono mentre iniziava a descrivere il suo piano. "Voglio fare un gelato che sappia di... arcobaleno! Sarà colorato, magico e pieno di sorprese. Possiamo provarci?"

Intrigata, la Signora Rossi annuì. "Un gelato che sappia di arcobaleno? Sembra una sfida meravigliosa. Andiamo a raccogliere gli ingredienti!"

Insieme, partirono per un viaggio fiabesco attraverso il villaggio per trovare gli ingredienti perfetti per il loro fantastico gelato. Per prima cosa, visitarono il giardino di Nonna Lucia, dove raccolsero fragole succose, mature al sole, rosse come un tramonto estivo. Nonna Lucia insistette affinché prendessero anche qualche foglia di basilico profumato, "Per un tocco di magia in più," disse con un occhiolino.

Poi si diressero verso la piazza del mercato, dove trovarono arance luminose come il sole del mattino, mirtilli profondi come il cielo notturno e limoni così gialli da poter illuminare il giorno più buio. I venditori del mercato, affascinati dall'entusiasmo di Giuseppe, aggiunsero una manciata di foglie di menta e un pizzico di favo di miele per buona misura.

Mentre tornavano alla gelateria, Giuseppe notò un albero carico di fichi maturi. Si arrampicò per raccoglierne alcuni, sapendo che il loro sapore dolce e ricco avrebbe aggiunto il tocco perfetto. Quando tornarono, il loro cestino era traboccante di ingredienti arcobaleno.

n cucina, la Signora Rossi e Giuseppe lavorarono fianco a fianco, affettando, tagliando e mescolando. L'aria era piena del profumo delizioso della frutta fresca e del suono gioioso delle risate di Giuseppe. Mescolarono gli ingredienti con la base cremosa del gelato, creando vortici di colori vivaci.

Finalmente arrivò il momento. Giuseppe prese un cucchiaio di gelato arcobaleno e lo assaggiò. I suoi occhi si spalancarono e un sorriso gli si allargò sul volto. "È perfetto!" esclamò. "Sa di sole e pioggia e tutto ciò che è meraviglioso, tutto insieme!"

La Signora Rossi sorrise con orgoglio. "Ben fatto, Giuseppe. Hai creato un capolavoro."

Decisero di chiamare la loro creazione "Delizia Arcobaleno di Giuseppe," e presto, la voce si sparse per tutto il villaggio. Le persone venivano da lontano per assaggiare il nuovo gusto magico. Bambini e adulti meravigliati ammiravano l'esplosione di colori e la sinfonia di sapori in ogni morso.

Un giorno, mentre il sole tramontava sulle colline, Giuseppe sedette fuori dalla gelateria con un cono del suo gelato arcobaleno. Guardò il cielo tingersi di rosa e arancione, sentendo un senso di realizzazione e meraviglia. La sua grande avventura aveva portato gioia a tutto il villaggio, e sapeva che con un po' di immaginazione e tanto cuore, tutto era possibile.

E così, la Grande Avventura del Gelato di Giuseppe divenne una leggenda nel villaggio, una storia raccontata dai nonni ai loro nipoti, ispirando sogni di colorate creazioni e audaci avventure. Giuseppe, il ragazzo con i riccioli selvaggi e le idee ancora più

selvagge, aveva lasciato il segno nel mondo, una pallina di gelato
alla volta.

Giuseppe's Grand Gelato Adventure

IN A PICTURESQUE VILLAGE nestled in the rolling hills of Tuscany, Italy, lived a cheeky and curious boy named Giuseppe. Known for his wild curls and even wilder imagination, Giuseppe always found himself in the midst of some delightful mischief. But his favorite pastime of all was visiting the local gelateria, owned by the kindly old Signora Rossi, who made the best gelato in the entire village—perhaps even in all of Italy.

One bright summer morning, Giuseppe woke up with an idea that tickled his toes and made his heart race. Today, he would embark on a grand adventure to create the most extraordinary gelato flavor ever imagined! He dashed down the cobblestone streets, his feet barely touching the ground as he made his way to Signora Rossi's gelateria.

"Buongiorno, Giuseppe!" greeted Signora Rossi with a warm smile. Her rosy cheeks and twinkling eyes made her look like a living, breathing scoop of strawberry gelato.

"Buongiorno, Signora Rossi!" Giuseppe replied, bouncing on his toes. "I have a splendid idea! I want to create a new gelato flavor, one that will make everyone in the village gasp in amazement!"

Signora Rossi chuckled. "Oh, Giuseppe, you always have the most wonderful ideas. What do you have in mind?"

Giuseppe's eyes sparkled as he began to describe his plan. "I want to make a gelato that tastes like... the rainbow! It will be colorful, magical, and full of surprises. Can we try?"

Intrigued, Signora Rossi nodded. "A gelato that tastes like the rainbow? That sounds like a marvelous challenge. Let's gather the ingredients!"

Together, they set off on a whimsical journey through the village to find the perfect ingredients for their fantastical gelato. First, they visited Nonna Lucia's garden, where they plucked juicy, sun-ripened strawberries as red as a summer sunset. Nonna Lucia insisted they take a few fragrant basil leaves as well, "For a little extra magic," she said with a wink.

Next, they wandered to the bustling market square, where they found oranges as bright as the morning sun, blueberries as deep as the night sky, and lemons so yellow they could light up the darkest day. The market vendors, charmed by Giuseppe's enthusiasm, tossed in a handful of mint leaves and a sprinkle of honeycomb for good measure.

As they made their way back to the gelateria, Giuseppe spotted a tree heavy with ripe figs. He scrambled up to pick a few, knowing their sweet, rich flavor would add the perfect touch. By the time they returned, their basket was overflowing with a rainbow of ingredients.

In the kitchen, Signora Rossi and Giuseppe worked side by side, slicing, dicing, and blending. The air was filled with the mouthwatering scent of fresh fruit and the joyful sound of

Giuseppe's laughter. They mixed the ingredients with creamy gelato base, creating swirls of vibrant colors.

Finally, the moment arrived. Giuseppe took a spoonful of the rainbow gelato and tasted it. His eyes widened, and a grin spread across his face. "It's perfect!" he exclaimed. "It tastes like sunshine and rain showers and everything wonderful all at once!"

Signora Rossi beamed with pride. "Well done, Giuseppe. You've created a masterpiece."

They decided to name their creation "Giuseppe's Rainbow Delight," and soon, word spread throughout the village. People came from far and wide to taste the magical new flavor. Children and adults alike marveled at the burst of colors and the symphony of tastes in each bite.

One day, as the sun set over the hills, Giuseppe sat outside the gelateria with a cone of his rainbow gelato. He watched as the sky turned shades of pink and orange, feeling a sense of accomplishment and wonder. His grand adventure had brought joy to the entire village, and he knew that with a little imagination and a lot of heart, anything was possible.

And so, Giuseppe's Grand Gelato Adventure became a legend in the village, a story told by grandparents to their grandchildren, inspiring dreams of colorful concoctions and daring escapades. Giuseppe, the boy with the wild curls and even wilder ideas, had made his mark on the world, one scoop of gelato at a time.

Il Grande Colpo della Gondola a Venezia

NEL CUORE DELLA CITTÀ incantevole di Venezia, Italia, dove le strade sono fatte d'acqua e le gondole scivolano come eleganti cigni, viveva un ragazzo vivace di nome Marco. Con i suoi occhi azzurri brillanti e un sorriso ampio come il Canal Grande, Marco era conosciuto per la sua energia inesauribile e la passione per l'avventura.

Il padre di Marco, il Signor Giovanni, era un rinomato gondoliere. La sua gondola nera e slanciata, chiamata "La Stella," era l'orgoglio di Venezia. Ogni giorno, il Signor Giovanni navigava il labirinto dei canali, cantando melodie operistiche e condividendo i segreti della città con i turisti affascinati. Marco adorava accompagnare il padre in queste gite, sognando il giorno in cui avrebbe avuto una gondola tutta sua.

Una mattina soleggiata, Marco si svegliò con un'idea che gli fece battere forte il cuore. Voleva partecipare al più grande evento di Venezia – la Parata Annuale delle Gondole, una spettacolare celebrazione in cui i gondolieri di tutta la città decoravano le loro barche con luci, fiori e colorati stendardi. Ma c'era un piccolo problema: Marco non aveva una gondola tutta sua.

Determinato a non lasciarsi scoraggiare da questo piccolo dettaglio, Marco escogitò un piano audace. Avrebbe "preso in

prestito" la gondola di suo padre per una sola notte. Dopo tutto,
ragionò, era per una buona causa – portare gioia e risate alla
parata!

Quando il crepuscolo calò e la luce dorata del tramonto avvolse
Venezia in un caldo bagliore, Marco si intrufolò al molo dove era
ormeggiata La Stella. Aveva passato l'intera giornata a raccogliere
materiali: lucine fatate, nastri vivaci e un cesto pieno di fiori
freschi dal giardino della nonna. Con dita agili e un occhio per
il design, Marco si mise al lavoro, trasformando La Stella in una
meraviglia scintillante.

Quando finì, la gondola brillava come un cielo notturno stellato,
adornata con ghirlande di fiori e luci scintillanti che si
riflettevano nell'acqua. Il cuore di Marco si gonfiò di orgoglio
mentre ammirava il suo lavoro. Non vedeva l'ora di vedere le
espressioni sui volti di tutti quando avrebbero visto la sua
creazione sfavillante.

Proprio mentre stava per partire, Marco sentì una voce familiare
dietro di lui. "E dove pensi di andare con La Stella, giovane
uomo?"

Marco si girò di scatto trovando suo padre lì, con le braccia
incrociate ma con gli occhi scintillanti di divertimento. "Papà,
Io... volevo sorprendere tutti alla Parata delle Gondole," balbettò
Marco.

Il Signor Giovanni rise. "Ah, mio figlio avventuroso. Sempre
pieno di sorprese. Sai, avresti potuto semplicemente chiedere."

Marco arrossì, sentendosi sollevato e imbarazzato allo stesso tempo. "Non volevo deluderti, Papà. Volevo dimostrarti che posso essere un grande gondoliere anche io."

Il Signor Giovanni posò una mano rassicurante sulla spalla di Marco. "So che lo sarai, Marco. E stasera, lo faremo insieme. Vieni, rendiamo questa la Parata delle Gondole più memorabile di sempre."

Padre e figlio salirono nella gondola splendidamente decorata, e con un potente colpo del suo remo, il Signor Giovanni guidò La Stella nel canale. Mentre scivolavano attraverso i vicoli stretti, Marco assaporava la magia di Venezia di notte. La città era viva di risate, musica e il bagliore soffuso delle lanterne appese ai balconi.

Quando arrivarono al Canal Grande, lo spettacolo che li accolse tolse il fiato a Marco. Gondole di ogni forma e dimensione fluttuavano fianco a fianco, ognuna più elaboratamente decorata della precedente. L'aria era piena del dolce profumo dei fiori e del gioioso brusio dell'attesa.

Quando La Stella si unì alla processione, mormorii di ammirazione si diffusero tra la folla. Il cuore di Marco si innalzò mentre vedeva la delizia sui volti delle persone. Salutò amici e vicini, sentendosi il ragazzo più fortunato del mondo.

Improvvisamente, un forte schizzo interruppe l'atmosfera festiva. Marco si voltò per vedere una piccola e traballante gondola vacillare pericolosamente, il giovane gondoliere che lottava per mantenerla a galla. Senza pensarci due volte, Marco afferrò una corda e saltò da La Stella sulla gondola che stava affondando.

"Tieni duro!" gridò Marco al ragazzo, i cui occhi erano spalancati dalla paura. Con pochi rapidi movimenti, Marco legò la corda a entrambe le gondole, stabilizzando la barca più piccola. Insieme, riuscirono a riportarla in sicurezza.

La folla esplose in un applauso mentre Marco e il ragazzo, fradici ma sorridenti da un orecchio all'altro, risalirono su La Stella. Il Signor Giovanni raggiante di orgoglio abbracciò suo figlio. "Questo è il mio ragazzo – sempre pronto ad aiutare."

Il resto della parata fu un vortice di colori, musica e risate. Marco e il suo nuovo amico, Luca, che era stato salvato dalla sua gondola traballante, divennero le stelle della serata. La gente ammirava il coraggio e la prontezza di Marco, e alla fine della notte, tutti conoscevano il suo nome.

Mentre i fuochi d'artificio finali illuminavano il cielo, Marco si appoggiò a suo padre, esausto ma elettrizzato. "Grazie, Papà," sussurrò. "Questa è stata la notte migliore della mia vita."

Il Signor Giovanni abbracciò forte Marco. "No, Marco. Grazie a te. Hai mostrato a tutti cosa significa essere un vero gondoliere – non solo navigare i canali, ma avere il coraggio e la gentilezza di aiutare gli altri."

Da quel giorno in poi, il sogno di Marco di diventare un gondoliere non fu più solo un sogno. Continuò ad accompagnare il padre sui canali, imparando l'arte e le storie di Venezia. E ogni anno, senza mai mancare, Marco e suo padre partecipavano alla Parata delle Gondole, la loro barca sempre la più sfavillante, i loro cuori pieni di gioia e orgoglio.

Il Grande Colpo della Gondola di Marco divenne una storia amata a Venezia, raccontata ai bambini e ai visitatori. Era una storia di avventura, coraggio e del legame speciale tra un padre e suo figlio – una storia che ricordava a tutti la magia che poteva essere trovata nei tortuosi canali di Venezia, dove i sogni salpavano e nascevano eroi.

The Great Gondola Caper of Venice

N THE HEART OF THE mesmerizing city of Venice, Italy, where the streets are made of water and the gondolas glide like elegant swans, lived a spirited boy named Marco. With his bright blue eyes and a smile as wide as the Grand Canal, Marco was known for his boundless energy and penchant for adventure.

Marco's father, Signor Giovanni, was a renowned gondolier. His sleek, black gondola, named "La Stella," was the pride of Venice. Every day, Signor Giovanni navigated the labyrinth of canals, singing operatic tunes and sharing the city's secrets with enthralled tourists. Marco loved joining his father on these rides, dreaming of the day he would have his own gondola.

One sunny morning, Marco woke up with an idea that made his heart race. He wanted to be a part of the biggest event in Venice – the Annual Gondola Parade, a spectacular celebration where gondoliers from all over the city decorated their boats with lights, flowers, and colorful banners. But there was one small problem: Marco didn't have a gondola of his own.

Determined not to let this minor detail deter him, Marco concocted a daring plan. He would "borrow" his father's gondola for just one night. After all, he reasoned, it was for a good cause – to bring joy and laughter to the parade!

As dusk fell and the golden light of the setting sun bathed Venice in a warm glow, Marco sneaked out to the dock where La Stella was moored. He had spent the entire day gathering supplies, fairy lights, vibrant ribbons, and a basket full of fresh flowers from Nonna's garden. With nimble fingers and an eye for design, Marco set to work, transforming La Stella into a sparkling wonder.

By the time he finished, the gondola shimmered like a starry night sky, adorned with garlands of flowers and twinkling lights that reflected in the water. Marco's heart swelled with pride as he admired his handiwork. He couldn't wait to see the looks on everyone's faces when they saw his dazzling creation.

Just as he was about to set off, Marco heard a familiar voice behind him. "And where do you think you're going with La Stella, young man?"

Marco spun around to find his father standing there, arms crossed but eyes twinkling with amusement. "Papa! I... I wanted to surprise everyone at the Gondola Parade," Marco stammered.

Signor Giovanni chuckled. "Ah, my adventurous son. Always full of surprises. You know, you could have just asked."

Marco blushed, feeling a mix of relief and embarrassment. "I didn't want to disappoint you, Papa. I wanted to show you that I can be a great gondolier too."

Signor Giovanni placed a reassuring hand on Marco's shoulder. "I know you will be, Marco. And tonight, we'll do it together.

Come, let's make this the most memorable Gondola Parade ever."

Father and son climbed into the beautifully decorated gondola, and with a powerful stroke of his oar, Signor Giovanni guided La Stella into the canal. As they glided through the narrow waterways, Marco took in the magic of Venice at night. The city was alive with laughter, music, and the soft glow of lanterns hanging from balconies.

When they arrived at the Grand Canal, the sight that greeted them took Marco's breath away. Gondolas of every shape and size floated side by side, each one more elaborately decorated than the last. The air was filled with the sweet scent of flowers and the joyous hum of anticipation.

As La Stella joined the procession, gasps of admiration rippled through the crowd. Marco's heart soared as he saw the delight on people's faces. He waved to his friends and neighbors, feeling like the luckiest boy in the world.

Suddenly, a loud splash interrupted the festive atmosphere. Marco turned to see a small, rickety gondola teetering dangerously, its young gondolier struggling to keep it afloat. Without a second thought, Marco grabbed a rope and leaped from La Stella onto the sinking gondola.

"Hold on!" Marco shouted to the boy, whose eyes were wide with fear. With a few swift movements, Marco tied the rope to both gondolas, stabilizing the smaller boat. Together, they managed to steer it back to safety.

The crowd erupted into applause as Marco and the boy, drenched but grinning from ear to ear, climbed back onto La Stella. Signor Giovanni beamed with pride as he embraced his son. "That's my boy – always ready to help."

The rest of the parade was a whirlwind of color, music, and laughter. Marco and his new friend, Luca, who had been saved from his tipping gondola, became the stars of the evening. People marveled at Marco's bravery and quick thinking, and by the end of the night, everyone knew his name.

As the final fireworks lit up the sky, Marco leaned against his father, exhausted but exhilarated. "Thank you, Papa," he whispered. "This was the best night of my life."

Signor Giovanni hugged Marco tightly. "No, Marco. Thank you. You showed everyone what it means to be a true gondolier – not just navigating the canals, but having the courage and kindness to help others."

From that day on, Marco's dream of becoming a gondolier was no longer just a dream. He continued to join his father on the canals, learning the craft and the stories of Venice. And every year, without fail, Marco and his father participated in the Gondola Parade, their boat always the most dazzling, their hearts full of joy and pride.

Marco's Great Gondola Caper became a beloved tale in Venice, a story told to children and visitors alike. It was a story of adventure, courage, and the special bond between a father and his son – a story that reminded everyone of the magic that could

be found in the winding canals of Venice, where dreams set sail
and heroes were born.

Sophia e il Segreto dell'Uliveto Incantato

NEL SOLEGGIATO E PITTORESCO villaggio di Sant'Andrea, incastonato tra le colline ondulate della Toscana, Italia, viveva una ragazza vivace di nome Sophia. Con i suoi capelli ricci e scuri, gli occhi verdi brillanti e un sorriso radioso come il sole toscano, Sophia era conosciuta in tutto il villaggio per la sua curiosità e il suo amore per l'avventura.

La famiglia di Sophia possedeva una deliziosa trattoria chiamata La Dolce Vita," dove i villaggi si riunivano per gustare la migliore pasta, gelato e, soprattutto, l'olio d'oliva fatto con le olive cresciute nel loro antico uliveto. L'uliveto era nella famiglia di Sophia da generazioni e si diceva che nascondesse un segreto magico noto solo a pochi.

Ogni sera, mentre la luce dorata del tramonto avvolgeva il villaggio in un caldo bagliore, il nonno di Sophia, o Nonno, le raccontava storie sull'uliveto incantato. Secondo Nonno, l'uliveto era la dimora di un saggio vecchio ulivo di nome Olivetta, che viveva da più di mille anni. La leggenda narrava che Olivetta potesse parlare a coloro che avevano cuori puri e spiriti coraggiosi.

Una sera mite, mentre Sophia e Nonno sedevano sulla veranda della trattoria, osservando le stelle scintillare nel cielo limpido,

Nonno condivise una nuova storia. "Sophia, mia cara," iniziò con voce gentile e rassicurante, "si dice che Olivetta conosca il segreto per l'olio d'oliva più straordinario del mondo, ma lo rivela solo a coloro che si dimostrano degni."

Gli occhi di Sophia scintillarono di eccitazione. "Nonno, pensi che io possa incontrare Olivetta e scoprire il suo segreto?"

Nonno sorrise dolcemente. "Ah, Sophia, hai un cuore coraggioso e uno spirito puro. Se qualcuno può guadagnarsi la fiducia di Olivetta, quella sei tu. Ma ricorda, non sarà facile. Dovrai intraprendere un viaggio attraverso l'uliveto e affrontare qualsiasi sfida ti si presenti."

La mattina seguente, con i primi raggi dell'alba, Sophia partì per la sua grande avventura. Indossava il suo vestito rosso preferito, portava una piccola sacca con una pagnotta di pane, un pezzo di formaggio e una bottiglia d'acqua, e si avviò verso l'uliveto. Il cuore le batteva forte per l'emozione e un tocco di nervosismo mentre si avvicinava agli alberi antichi.

L'uliveto era vasto e misterioso, con alberi contorti e nodosi che gettavano lunghe ombre sul terreno macchiato di sole. Sophia fece un respiro profondo e entrò nell'uliveto, sentendo l'aria fresca e terrosa avvolgerla. Camminò per quello che sembrava un'eternità, il mondo intorno a lei diventava sempre più magico a ogni passo.

Improvvisamente, udì un suono leggero di fruscio. Voltandosi verso di esso, vide un piccolo riccio intrappolato in un cespuglio di rovi, che lottava per liberarsi. Senza esitazione, Sophia si inginocchiò e districò delicatamente la creatura spaventata

"Ecco qua, piccolo," sussurrò, mettendo il riccio sulla sua strada. Il riccio la guardò con occhi riconoscenti prima di scappare nel sottobosco.

Mentre Sophia continuava a inoltrarsi nell'uliveto, si imbatté in un vecchio ponte di legno che attraversava un ruscello gorgogliante. Il ponte sembrava fragile e malandato, ma Sophia sapeva che doveva attraversarlo. Facendo un respiro profondo, salì con cautela sul ponte. Appena raggiunse il centro, il legno scricchiolò minacciosamente e il cuore di Sophia mancò un battito. Con passo rapido e deciso, arrivò dall'altra parte, le gambe leggermente tremanti per la scarica di adrenalina.

L'uliveto sembrava diventare più scuro e misterioso man mano che Sophia avanzava. Seguì un sentiero stretto e tortuoso finché non raggiunse una radura. Al centro della radura si ergeva Olivetta, l'antico ulivo. Il suo tronco era largo e nodoso, i suoi rami si estendevano come braccia accoglienti. Sophia si avvicinò con riverenza, sentendo il peso delle leggende che aveva sentito per tutta la vita.

"Ciao, Olivetta," disse Sophia dolcemente, con voce piena di meraviglia. "Sono Sophia. Sono venuta per imparare il tuo segreto."

Con sua grande meraviglia, i rami dell'albero ondeggiarono come per riconoscere la sua presenza, e una voce profonda e calda riempì l'aria. "Benvenuta, Sophia. Ho vegliato su questo uliveto per molti secoli, e vedo che hai un cuore gentile. Ma per imparare il mio segreto, devi prima dimostrare il tuo coraggio e la tua saggezza."

Sophia annuì, determinata. "Farò tutto il necessario, Olivetta."

La voce dell'albero vibrò di approvazione. "Molto bene, giovane. La tua prima sfida è trovare il pozzo nascosto di acqua cristallina. Si dice che sia l'acqua più pura di tutta la Toscana, e si trova da qualche parte in questo uliveto. Portami una fiala di quest'acqua e avrai completato il primo compito."

Con un senso di scopo, Sophia si rimise in cammino, cercando il pozzo nascosto. Vagò per l'uliveto, usando i suoi sensi acuti per cercare indizi. Mentre camminava, notava la flora e la fauna dell'uliveto, il modo in cui la luce filtrava attraverso le foglie e il ronzio leggero delle api. Finalmente, vide un piccolo ruscello scintillante che sembrava brillare più degli altri.

Seguendo il ruscello, si trovò presto davanti all'ingresso di una grotta nascosta. All'interno, poteva sentire il tenue suono dell'acqua che scorreva. Sophia entrò nella grotta, l'aria fresca le faceva venire i brividi. Nella luce fioca, vide un piccolo pozzo fatto di pietre antiche, con acqua cristallina che sgorgava dalle sue profondità. Con cura, riempì una fiala con l'acqua e si affrettò a tornare da Olivetta.

"Hai fatto bene, Sophia," risuonò la voce di Olivetta mentre tornava. "Ma c'è ancora un compito che devi completare. Devi raccogliere tre olive d'oro dai rami più alti del mio albero. Queste olive sono rare e preziose, e cadranno solo per coloro che sono veramente degni."

Sophia guardò in alto verso i rami torreggianti di Olivetta, la determinazione scolpita sul suo volto. Iniziò a salire, le sue piccole mani che afferravano la corteccia ruvida. Più in alto e più in alto, i suoi muscoli sforzati ma il suo spirito incrollabile. Finalmente, raggiunse i rami più alti, dove vide le olive d'oro scintillare come piccoli soli. Con precisione, raccolse tre dei frutti dorati e scese lentamente, stringendoli con cura.

Quando raggiunse il suolo, la voce di Olivetta era piena di calore e orgoglio. "Hai mostrato grande coraggio, saggezza e gentilezza, Sophia. Sei davvero degna. Il segreto dell'uliveto incantato è questo: non sono le olive in sé a rendere l'olio straordinario, ma l'amore e la cura con cui sono coltivate e raccolte. La magia risiede nei cuori di coloro che si prendono cura dell'uliveto."

Sophia sorrise, comprendendo il vero significato delle parole di Olivetta. Ringraziò l'antico albero e tornò al villaggio, il cuore pieno di gioia e saggezza. Quando tornò a casa, condivise la sua avventura con Nonno, che ascoltò con lacrime di orgoglio negli occhi.

Da quel giorno, Sophia si prese grande cura dell'uliveto, mettendo il cuore in ogni albero e in ogni oliva. L'olio d'oliva prodotto a La Dolce Vita divenne rinomato in lungo e in largo, non solo per il suo sapore squisito ma per l'amore e la dedizione che erano stati infusi nella sua creazione.

La storia di Sophia e dell'uliveto incantato e del suo incontro con Olivetta divenne una leggenda amata a Sant'Andrea. Le persone venivano da ogni dove per ascoltare il racconto e per assaggiare l'olio magico. Sophia crebbe e diventò una donna saggia e gentile, ricordando sempre le lezioni apprese da Olivetta.

E così, nel soleggiato villaggio di Sant'Andrea, lo spirito di avventura, coraggio e amore continuò a vivere, trasmesso di generazione in generazione, proprio come l'antico uliveto continuava a prosperare sotto la cura di coloro che ne comprendevano la vera magia.

Sophia and the Secret of the Enchanted Olive Grove

N THE SUNNY, PICTURESQUE village of Sant'Andrea nestled among the rolling hills of Tuscany, Italy, lived a spirited girl named Sophia. With her dark, curly hair, bright green eyes, and a smile as radiant as the Tuscan sun, Sophia was known throughout the village for her curiosity and love of adventure.

Sophia's family owned a charming little trattoria called "La Dolce Vita," where villagers gathered to savor the finest pasta, gelato, and, most famously, the olive oil made from the olives grown in their ancient grove. The olive grove had been in Sophia's family for generations, and it was said to have a magical secret known only to a few.

Every evening, as the golden light of the setting sun cast a warm glow over the village, Sophia's Nonno, or grandfather, would tell her stories about the enchanted olive grove. According to Nonno, the grove was home to a wise old olive tree named Olivetta, who had lived for over a thousand years. Legend had it that Olivetta could speak to those who had pure hearts and brave spirits.

One balmy evening, as Sophia and Nonno sat on the porch of the trattoria, watching the stars twinkle in the clear night sky, Nonno shared a new story. "Sophia, my dear," he began, his voice gentle and soothing, "it is said that Olivetta knows the secret to the most extraordinary olive oil in the world, but she only reveals it to those who prove themselves worthy."

Sophia's eyes sparkled with excitement. "Nonno, do you think I could meet Olivetta and learn her secret?"

Nonno chuckled softly. "Ah, Sophia, you have a brave heart and a pure spirit. If anyone can earn Olivetta's trust, it's you. But remember, it won't be easy. You must embark on a journey through the grove and face whatever challenges come your way."

The very next morning, with the first rays of dawn, Sophia set off on her grand adventure. She wore her favorite red dress, carried a small satchel with a loaf of bread, a hunk of cheese, and a bottle of water, and set out towards the olive grove. Her heart pounded with excitement and a touch of nervousness as she approached the ancient trees.

The grove was vast and mysterious, with twisted, gnarled trees casting long shadows over the sun-dappled ground. Sophia took a deep breath and stepped into the grove, feeling the cool, earthy air envelop her. She walked for what felt like hours, the world around her growing increasingly magical with each step.

Suddenly, she heard a soft rustling sound. Turning towards it, she saw a small hedgehog caught in a bramble bush, struggling to free itself. Without hesitation, Sophia knelt down and gently untangled the frightened creature. "There you go, little one," she whispered, setting the hedgehog on its way. The hedgehog looked up at her with grateful eyes before scurrying off into the underbrush.

As Sophia continued deeper into the grove, she came across an old, wooden bridge spanning a bubbling brook. The bridge looked fragile and rickety, but Sophia knew she had to cross it. Taking a deep breath, she carefully stepped onto the bridge. Just as she reached the middle, the wood creaked ominously, and Sophia's heart skipped a beat. With a swift and steady pace, she made it to the other side, her legs trembling slightly from the rush of adrenaline.

The grove seemed to grow darker and more mysterious as Sophia ventured further. She followed a narrow, winding path until she reached a clearing. In the center of the clearing stood Olivetta, the ancient olive tree. Her trunk was wide and knotted, her branches stretching out like welcoming arms. Sophia approached with reverence, feeling the weight of the legends she had heard all her life.

"Hello, Olivetta," Sophia said softly, her voice full of awe. "I'm Sophia. I've come to learn your secret."

To her amazement, the tree's branches swayed as if acknowledging her presence, and a deep, warm voice filled the air. "Welcome, Sophia. I have watched over this grove for many centuries, and I see that you have a kind heart. But to learn my secret, you must first prove your bravery and wisdom."

Sophia nodded, determined. "I will do whatever it takes, Olivetta."

The tree's voice hummed with approval. "Very well, young one. Your first challenge is to find the hidden well of crystal water. It is said to be the purest water in all of Tuscany, and it lies somewhere within this grove. Bring me a vial of this water, and you will have completed the first task."

With a sense of purpose, Sophia set off once more, searching for the hidden well. She wandered through the grove, using her keen senses to look for clues. As she walked, she noticed the flora and fauna of the grove, the way the light filtered through the leaves, and the gentle hum of the bees. Finally, she spotted a small, glistening stream that seemed to sparkle more brightly than the rest.

Following the stream, she soon found herself at the mouth of a hidden cave. Inside, she could hear the faint sound of water trickling. Sophia entered the cave, the cool air sending shivers down her spine. In the dim light, she saw a small well made of ancient stones, with crystal-clear water bubbling up from its depths. Carefully, she filled a vial with the water and hurried back to Olivetta.

"You have done well, Sophia," Olivetta's voice resonated as she returned. "But there is one more task you must complete. You must gather three golden olives from the highest branches of my tree. These olives are rare and precious, and they will only fall for those who are truly worthy."

Sophia looked up at Olivetta's towering branches, determination etched on her face. She began to climb, her small hands gripping the rough bark. Higher and higher she went, her muscles straining but her spirit unwavering. Finally, she reached the topmost branches, where she saw the golden olives glistening like tiny suns. With careful precision, she picked three of the golden fruits and descended slowly, clutching them tightly.

When she reached the ground, Olivetta's voice was filled with warmth and pride. "You have shown great bravery, wisdom, and kindness, Sophia. You are indeed worthy. The secret of the enchanted olive grove is this: it is not the olives themselves that make the oil extraordinary, but the love and care with which they are grown and harvested. The magic lies in the hearts of those who tend to the grove."

Sophia smiled, understanding the true meaning of Olivetta's words. She thanked the ancient tree and made her way back to the village, her heart full of joy and wisdom. When she returned home, she shared her adventure with Nonno, who listened with tears of pride in his eyes.

From that day on, Sophia took great care in tending to the olive grove, pouring her heart into every tree and every olive. The olive oil produced at La Dolce Vita became renowned far and wide, not just for its exquisite taste but for the love and dedication that went into its creation.

Sophia's story of the enchanted olive grove and her meeting with Olivetta became a cherished legend in Sant'Andrea. People came from all over to hear the tale and to taste the magical olive oil. Sophia grew up to be a wise and kind woman, always remembering the lessons she learned from Olivetta.

And so, in the sunny village of Sant'Andrea, the spirit of adventure, bravery, and love lived on, passed down from generation to generation, just as the ancient olive grove continued to thrive under the care of those who understood its true magic.

La Musica Misteriosa del Maestro Luigi

NEL CUORE DI UNA VIVACE città italiana, dove i tetti brillavano sotto il sole dorato e le strade strette erano pervase dagli aromi di pane appena sfornato e ricco espresso, viveva un ragazzo curioso di nome Lorenzo. Con i suoi capelli scuri e ricci e gli occhi brillanti e scintillanti, Lorenzo era sempre desideroso di esplorare il mondo intorno a lui. Viveva in un appartamento sopra la piccola ma popolare panetteria dei suoi genitori, "Dolce Amore," famosa per i suoi deliziosi dolci e l'atmosfera calda e accogliente.

Uno dei passatempi preferiti di Lorenzo era ascoltare le melodie che fluttuavano dalla vicina scuola di musica, "Accademia di Musica," gestita dal recluso ed enigmatico Maestro Luigi. Il maestro era noto per il suo straordinario talento e i suoi modi misteriosi. Alcuni dicevano che potesse suonare qualsiasi strumento con l'abilità di un virtuoso, e altri sussurravano che la sua musica potesse incantare chiunque l'ascoltasse.

Ogni pomeriggio, dopo aver finito le sue faccende nella panetteria, Lorenzo sgattaiolava verso l'Accademia e ascoltava le ipnotiche melodie che provenivano dalla sala prove del Maestro Luigi. La musica sembrava avere una vita propria, riempiendo l'aria di gioia, tristezza, eccitazione e meraviglia. Lorenzo sognava un giorno di incontrare il maestro e di apprendere segreti della sua musica magica.

Un pomeriggio soleggiato, mentre Lorenzo sognava a occh aperti di dirigere un'orchestra in una grande sala da concerto notò una piccola chiave ornata che giaceva sul sentiero di ciottol fuori dall'Accademia. Incuriosito, la raccolse e la esaminò d: vicino. Era fatta d'oro, con intricati intagli di note musicali simboli. Il cuore di Lorenzo batteva forte per la curiosità Potrebbe essere questa la chiave di uno dei segreti del maestro?

Con la chiave stretta in mano, Lorenzo decise di avventurars nell'Accademia. Spinse la pesante porta di legno e entrò ne grandioso atrio. Le pareti erano adornate con ritratti di famos: compositori, e l'aria era pervasa dal lieve profumo di legno lucide e spartiti musicali. I passi di Lorenzo riecheggiavano mentre percorreva un lungo corridoio fiancheggiato da sale prove.

Alla fine del corridoio, trovò una porta socchiusa. Guardande dentro, Lorenzo vide il Maestro Luigi chinato su un pianoforte a coda, perso in una bellissima melodia. Le dita del maestre danzavano sui tasti con una grazia e una precisione che lasciavano Lorenzo senza fiato. Radunando tutto il suo coraggio Lorenzo bussò delicatamente alla porta.

Il Maestro Luigi alzò lo sguardo, i suoi penetranti occhi azzurri incontrarono quelli di Lorenzo. "Ah, giovane Lorenzo," disse cor un caldo sorriso. "Ti ho visto fuori, ad ascoltare la mia musica Vieni, vieni."

Lorenzo entrò nella stanza, stringendo nervosamente la chiave. "Maestro Luigi, ho trovato questa chiave fuori. Pensavo potesse appartenere a lei."

Gli occhi del maestro si spalancarono vedendo la chiave. "Ah, la Chiave delle Melodie! L'ho cercata ovunque. Vedi, questa chiave apre una stanza molto speciale nell'Accademia, una stanza piena di strumenti magici. Vuoi vederla?"

Lorenzo annuì con entusiasmo, a stento contenendo la sua eccitazione. Il Maestro Luigi lo condusse attraverso una serie di corridoi tortuosi e su per una stretta scala fino a una piccola porta nascosta. Con un clic, la chiave aprì la porta, rivelando una stanza come nessun'altra. All'interno c'erano strumenti di ogni tipo, ciascuno brillava con una luce eterea.

"Questa, Lorenzo, è la Stanza degli Strumenti Incantati," spiegò il Maestro Luigi. "Ogni strumento qui ha una proprietà magica unica, e solo coloro che hanno un vero amore per la musica possono svelarne i segreti."

Gli occhi di Lorenzo si spalancarono di meraviglia mentre guardava la collezione di strumenti. C'era un violino che scintillava come mille stelle, un'arpa che sembrava vibrare di vita propria, e un flauto che brillava di tutti i colori dell'arcobaleno. Il Maestro Luigi prese una piccola tromba d'argento e la porse a Lorenzo.

"Prova a suonare questa," disse con un luccichio negli occhi.

Lorenzo prese un respiro profondo e soffiò nella tromba. Con suo grande stupore, la stanza si riempì del suono di cento uccelli che cantavano, le loro melodie si intrecciavano in perfetta armonia. Guardò la tromba con meraviglia. "È bellissima," sussurrò.

Il Maestro Luigi sorrise. "La musica ha il potere di creare magia, Lorenzo. E vedo che hai un dono naturale. Vuoi imparare di più?"

Da quel giorno, Lorenzo divenne l'apprendista del Maestro Luigi. Ogni pomeriggio, si precipitava all'Accademia dopo aver aiutato nella panetteria, desideroso di imparare i segreti degli strumenti incantati. Il Maestro Luigi gli insegnò non solo come suonare ogni strumento, ma anche come ascoltare la musica del mondo intorno a lui: il fruscio delle foglie, il canto dei grilli e persino il ritmo della pioggia.

Un giorno, il Maestro Luigi diede a Lorenzo un compito speciale. "Lorenzo, mio ragazzo, è ora che tu crei il tuo strumento magico. Usa tutto ciò che hai imparato e mettici il cuore."

Lorenzo pensò a lungo su che tipo di strumento voleva creare. Decise di realizzare un mandolino, uno strumento noto per il suo dolce suono melodico. Passò settimane a intagliare il legno, a mettere le corde e a infondere lo strumento con la magia che aveva imparato dal Maestro Luigi.

Finalmente, il mandolino era completo. Era uno strumento bellissimo, con delicati intagli di note musicali e viti che si avvolgevano intorno al corpo. Lorenzo pizzicò le corde, e l'aria si riempì di una melodia così incantevole che gli fece venire le lacrime agli occhi. Ce l'aveva fatta: aveva creato il suo strumento magico.

Il Maestro Luigi sorrise con orgoglio mentre Lorenzo suonava il mandolino. "Hai fatto un lavoro meraviglioso, Lorenzo. Ora, è tempo che tu condivida la tua musica con il mondo."

Il cuore di Lorenzo traboccava di orgoglio e gioia. Decise di organizzare un concerto nella piazza del paese, invitando tutti gli abitanti del villaggio a venire ad ascoltare la musica magica degli strumenti incantati. La voce si sparse rapidamente, e la notte del concerto, la piazza era piena di gente, tutti ansiosi di sentire Lorenzo suonare.

Quando Lorenzo prese il suo posto sul palco improvvisato, sentì un leggero nervosismo. Ma poi vide i suoi genitori, in piedi in prima fila, i loro volti raggiante di orgoglio. Prese un respiro profondo, chiuse gli occhi e iniziò a suonare il mandolino.

La musica fluiva dalle sue dita come un fiume di melodia, riempiendo l'aria di un suono così puro e bello che sembrava incantare l'intero villaggio. La gente sussultava di meraviglia mentre gli altri strumenti incantati si univano, ciascuno aggiungendo la propria armonia magica alla sinfonia. Il violino scintillava come polvere di stelle, le corde dell'arpa vibravano con un bagliore celestiale, e le note del flauto brillavano come un arcobaleno.

Quando le ultime note del mandolino svanirono nella notte, la folla esplose in applausi, urla e persino lacrime di gioia. Lorenzo provò un senso di realizzazione e felicità che non aveva mai conosciuto prima. Non solo aveva appreso i segreti degli strumenti incantati, ma aveva anche scoperto la vera magia della musica: la capacità di toccare i cuori delle persone e di unirle.

Dopo il concerto, il Maestro Luigi si avvicinò a Lorenzo con un sorriso fiero. "Hai fatto qualcosa di veramente straordinario stasera, Lorenzo. Hai condiviso la magia della musica con il mondo. E questo è il dono più grande di tutti."

Da quella notte in poi, Lorenzo continuò a suonare il suo mandolino e a condividere la sua musica con il villaggio. Divenne noto come il ragazzo con il mandolino incantato, e le sue melodie portavano gioia e incanto a chiunque le ascoltasse. La Stanza degli Strumenti Incantati divenne un luogo dove giovani musicisti di tutto il mondo venivano per imparare e creare i propri strumenti magici, ispirati dalla storia di Lorenzo.

E così, nella vivace città italiana, dove i tetti brillavano sotto il sole dorato e le strade strette erano pervase dagli aromi di pane appena sfornato e ricco espresso, l'eredità del Maestro Luigi e di Lorenzo viveva. La musica degli strumenti incantati riempiva l'aria, ricordando a tutti la magia che si poteva trovare nelle melodie del cuore.

Anni dopo, quando Lorenzo diventò più grande, divenne il nuovo maestro dell'Accademia di Musica, trasmettendo le conoscenze e i segreti che aveva appreso dal Maestro Luigi. Insegnò ai suoi studenti non solo come suonare la musica, ma come sentirla, viverla e condividerla con il mondo. E ogni volta che suonava il suo mandolino, ricordava il giorno in cui trovò la chiave d'oro e l'inizio del suo viaggio magico.

Alla fine, la storia di Lorenzo divenne una leggenda cara nel villaggio, una storia di curiosità, coraggio e del potere trasformativo della musica. E finché la musica suonava, la magia

lel Maestro Luigi e degli strumenti incantati non sarebbe mai
tata dimenticata.

The Mysterious Music of Maestro Luigi

IN THE HEART OF A BUSTLING Italian city, where the rooftops glistened under the golden sun and narrow streets were alive with the aromas of freshly baked bread and rich espresso, lived a curious boy named Lorenzo. With his dark, curly hair and bright, sparkling eyes, Lorenzo was always eager to explore the world around him. He lived in an apartment above his parents' small but popular bakery, "Dolce Amore," which was famous for its delicious pastries and warm, inviting atmosphere.

One of Lorenzo's favorite pastimes was listening to the melodies that floated from the nearby music school, "Accademia di Musica," run by the reclusive and enigmatic Maestro Luigi. The maestro was known for his extraordinary talent and mysterious ways. Some said he could play any instrument with the skill of a virtuoso, and others whispered that his music could enchant anyone who heard it.

Every afternoon, after finishing his chores at the bakery, Lorenzo would sneak over to the Accademia and listen to the mesmerizing tunes drifting from Maestro Luigi's practice room. The music seemed to have a life of its own, filling the air with joy, sorrow, excitement, and wonder. Lorenzo dreamed of one day meeting the maestro and learning the secrets of his magical music.

One sunny afternoon, as Lorenzo was daydreaming about conducting an orchestra in a grand concert hall, he noticed a small, ornate key lying on the cobblestone path outside the Accademia. Intrigued, he picked it up and examined it closely. It was made of gold, with intricate engravings of musical notes and symbols. Lorenzo's heart raced with curiosity. Could this be the key to one of the maestro's secrets?

With the key clutched tightly in his hand, Lorenzo decided to venture into the Accademia. He pushed open the heavy wooden door and stepped into the grand foyer. The walls were adorned with portraits of famous composers, and the air was filled with the faint scent of polished wood and sheet music. Lorenzo's footsteps echoed as he made his way down a long hallway lined with practice rooms.

At the end of the hallway, he found a door slightly ajar. Peeking inside, Lorenzo saw Maestro Luigi hunched over a grand piano, lost in a beautiful melody. The maestro's fingers danced across the keys with a grace and precision that left Lorenzo in awe. Summoning all his courage, Lorenzo knocked gently on the door.

Maestro Luigi looked up, his piercing blue eyes meeting Lorenzo's. "Ah, young Lorenzo," he said with a warm smile. "I've seen you outside, listening to my music. Come in, come in."

Lorenzo entered the room, clutching the key nervously. "Maestro Luigi, I found this key outside. I thought it might belong to you."

The maestro's eyes widened as he saw the key. "Ah, the Key of Melodies! I have been searching for it everywhere. You see, this key unlocks a very special room in the Accademia, a room filled with magical instruments. Would you like to see it?"

Lorenzo nodded eagerly, his excitement barely contained. Maestro Luigi led him through a series of winding corridors and up a narrow staircase to a small, hidden door. With a click, the key unlocked the door, revealing a room unlike any other. Inside were instruments of every kind, each one glowing with an ethereal light.

"This, Lorenzo, is the Room of Enchanted Instruments," Maestro Luigi explained. "Each instrument here has a unique magical property, and only those with a true love for music can unlock their secrets."

Lorenzo's eyes widened with wonder as he gazed at the array of instruments. There was a violin that shimmered like a thousand stars, a harp that seemed to hum with a life of its own, and a flute that sparkled with every color of the rainbow. Maestro Luigi picked up a small, silver trumpet and handed it to Lorenzo.

"Try playing this," he said with a twinkle in his eye.

Lorenzo took a deep breath and blew into the trumpet. To his amazement, the room filled with the sound of a hundred birds singing, their melodies weaving together in perfect harmony. He stared at the trumpet in awe. "It's beautiful," he whispered.

Maestro Luigi smiled. "Music has the power to create magic, Lorenzo. And I see you have a natural gift. Would you like to learn more?"

From that day on, Lorenzo became Maestro Luigi's apprentice. Every afternoon, he would hurry to the Accademia after helping at the bakery, eager to learn the secrets of the enchanted instruments. Maestro Luigi taught him not only how to play each instrument but also how to listen to the music of the world around him—the rustling of leaves, the chirping of crickets, and even the rhythm of the rain.

One day, Maestro Luigi gave Lorenzo a special task. "Lorenzo, my boy, it's time for you to create your own magical instrument. Use everything you've learned and pour your heart into it."

Lorenzo thought long and hard about what kind of instrument he wanted to create. He decided on a mandolin, an instrument known for its sweet, melodic sound. He spent weeks carving the wood, stringing the strings, and infusing it with the magic he had learned from Maestro Luigi.

Finally, the mandolin was complete. It was a beautiful instrument, with delicate engravings of musical notes and vines winding around its body. Lorenzo plucked the strings, and the air was filled with a melody so enchanting that it brought tears to his eyes. He had done it—he had created his very own magical instrument.

Maestro Luigi beamed with pride as Lorenzo played the mandolin. "You have done wonderfully, Lorenzo. Now, it is time for you to share your music with the world."

Lorenzo's heart swelled with pride and joy. He decided to hold a concert in the town square, inviting everyone from the village to come and listen to the magical music of the enchanted nstruments. Word spread quickly, and on the night of the concert, the square was filled with people, all eager to hear Lorenzo play.

As Lorenzo took his place on the makeshift stage, he felt a flutter of nervousness. But then he saw his parents, standing at the front of the crowd, their faces beaming with pride. He took a deep breath, closed his eyes, and began to play the mandolin.

The music flowed from his fingers like a river of melody, filling the air with a sound so pure and beautiful that it seemed to cast a spell over the entire village. People gasped in awe as the other enchanted instruments joined in, each one adding its own magical harmony to the symphony. The violin shimmered like stardust, the harp's strings hummed with a celestial glow, and the flute's notes sparkled like a rainbow.

As the final notes of the mandolin faded into the night, the crowd erupted into applause, cheers, and even tears of joy. Lorenzo felt a sense of accomplishment and happiness that he had never known before. He had not only learned the secrets of the enchanted instruments but had also discovered the true magic of music—the ability to touch people's hearts and bring them together.

After the concert, Maestro Luigi approached Lorenzo with a proud smile. "You have done something truly extraordinary tonight, Lorenzo. You have shared the magic of music with the world. And that is the greatest gift of all."

From that night on, Lorenzo continued to play his mandolin and share his music with the village. He became known as the boy with the enchanted mandolin, and his melodies brought joy and enchantment to everyone who heard them. The Room of Enchanted Instruments became a place where young musicians from all over came to learn and create their own magical instruments, inspired by Lorenzo's story.

And so, in the bustling Italian city, where the rooftops glistened under the golden sun and the narrow streets were alive with the aromas of freshly baked bread and rich espresso, the legacy of Maestro Luigi and Lorenzo lived on. The music of the enchanted instruments filled the air, reminding everyone of the magic that could be found in the melodies of the heart.

Years later, as Lorenzo grew older, he became the new maestro of the Accademia di Musica, passing on the knowledge and secrets he had learned from Maestro Luigi. He taught his students not just how to play music, but how to feel it, live it, and share it with the world. And every time he played his mandolin, he remembered the day he found the golden key and the beginning of his magical journey.

In the end, Lorenzo's story became a cherished legend in the village, a tale of curiosity, bravery, and the transformative power of music. And as long as the music played, the magic of Maestro Luigi and the enchanted instruments would never be forgotten.

Marta e l'Avventura del Gelato Magico

NELLA PITTORESCA CITTÀ costiera di Amalfi, Italia, dove il mare scintillava sotto il sole e gli alberi di limoni punteggiavano le colline, viveva una vivace ragazza di nome Marta. Con i suoi occhi marroni scintillanti, i capelli scuri e ricci e uno spirito luminoso come il cielo mediterraneo, Marta era conosciuta per la sua infinita curiosità e il suo amore per i dolci.

La famiglia di Marta possedeva la gelateria più famosa della città, "Gelato Fantastico", rinomata per i suoi deliziosi e inventivi gusti. Persone provenienti da ogni dove venivano a gustare il cremoso e sognante gelato fatto con amore e ingredienti freschissimi. I genitori di Marta, Signora e Signor Rossi, gestivano la gelateria con passione, e Marta amava aiutarli a creare nuovi gusti.

Un pomeriggio soleggiato, mentre Marta stava sperimentando un nuovo gelato al limone e basilico, la sua Nonna, conosciuta per le sue storie stravaganti, la chiamò. "Marta, cara, ti ho mai raccontato la leggenda del Gelato Magico?"

Gli occhi di Marta si illuminarono di eccitazione. "No, Nonna! Raccontamela, per favore."

Gli occhi della Nonna scintillavano mentre iniziava il suo racconto. "Tanto tempo fa, nel cuore della Costiera Amalfitana, c'era una ricetta segreta per un gelato così magico da poter esaudire desideri. Questa ricetta era custodita dalla Fata del Gelato, che viveva nella Grotta Incantata ai margini del mare. Si dice che solo coloro con un cuore puro e un vero amore per il gelato possano trovare la grotta e vedere esaudito un desiderio."

Marta era affascinata dalla storia. "Nonna, pensi che la Fata del Gelato sia reale? Potremmo trovare la grotta e esprimere un desiderio?"

La Nonna sorrise misteriosamente. "Chi lo sa, cara? Il mondo è pieno di magia se sai dove cercare."

Quella notte, mentre Marta era a letto, non poteva smettere di pensare alla leggenda. Sognava di trovare la Grotta Incantata e incontrare la Fata del Gelato. Quando si svegliò, era piena di determinazione. Avrebbe intrapreso un'avventura per trovare la ricetta del gelato magico e esprimere un desiderio che avrebbe portato gioia alla sua famiglia e a tutta la città.

La mattina seguente, dopo aver aiutato i suoi genitori in gelateria, Marta preparò una piccola borsa con l'essenziale: una bottiglia d'acqua, alcuni biscotti e un piccolo quaderno per annotare eventuali scoperte importanti. Salutò i suoi genitori con un bacio, promettendo di tornare prima del tramonto, e si avviò verso la costa.

Mentre camminava lungo i sentieri tortuosi di Amalfi, l'odore dei fiori in fiore e il suono del mare riempivano l'aria. Marta seguiva gli indizi della storia della Nonna, con il cuore che batteva forte per l'eccitazione. Passò per i limoneti, gli uliveti e le case colorate arroccate sulle scogliere, fino a raggiungere una spiaggia isolata con uno sperone roccioso che si protendeva nel mare.

Lì, nascosta tra le rocce, trovò una stretta apertura che conduceva in una grotta buia. Marta prese un respiro profondo ed entrò. La grotta era fresca e umida, con il suono dell'acqua che gocciolava echeggiando nell'oscurità. Si fece strada lungo le pareti, sentendo le dita sfiorare la pietra liscia e fredda.

Improvvisamente, la grotta si aprì in una vasta camera, illuminata da una luce soffusa e brillante. Al centro della camera c'era una figura magnifica e scintillante—la Fata del Gelato. Aveva capelli fluenti come zucchero filato, ali che scintillavano come brina e un sorriso che irradiava calore e gentilezza.

"Benvenuta, Marta," disse la Fata del Gelato con una voce dolce come il miele. "Ti stavo aspettando."

Il cuore di Marta batteva forte. "Sei davvero la Fata del Gelato? È vero che puoi esaudire desideri?"

La Fata del Gelato annuì. "Sì, cara. Ma per guadagnare il tuo desiderio, devi prima creare un gelato che incarni la magia del tuo cuore. Hai tutto ciò di cui hai bisogno qui in questa grotta. Fidati del tuo istinto e lascia che il tuo amore per il gelato ti guidi."

Con ciò, la Fata del Gelato agitò la mano, e apparve una splendida postazione per fare il gelato, completa di ingredienti provenienti da tutto il mondo—frutta fresca, noci, cioccolato e altro ancora. Gli occhi di Marta scintillarono di eccitazione mentre iniziava a lavorare. Mescolava e assaggiava, combinava e regolava, versando tutta la sua creatività e amore nel gelato.

Dopo ore di attenta preparazione, Marta finalmente creò un gelato che sentiva davvero magico. Era una miscela di limone e fragola selvatica, con un tocco di menta e un vortice di miele. Offrì un cucchiaio alla Fata del Gelato, che lo assaggiò e sorrise.

"È perfetto, Marta. Il tuo gelato è pieno dell'amore e della gioia che hai per la tua famiglia e la tua città. Ora, chiudi gli occhi e esprimi il tuo desiderio."

Marta chiuse gli occhi ed espresse un desiderio dal profondo del suo cuore. "Desidero che la nostra gelateria porti sempre felicità a tutti coloro che la visitano, e che la nostra famiglia sia piena di amore e risate per sempre."

La Fata del Gelato annuì, con gli occhi scintillanti di approvazione. "Il tuo desiderio è esaudito, Marta. Ricorda, la vera magia risiede nell'amore che metti nel tuo gelato e nella felicità che porti agli altri."

Con un gesto della mano, la Fata del Gelato riportò Marta all'ingresso della grotta. Quando Marta uscì alla luce del sole, sentì un senso di meraviglia e appagamento. Si affrettò a tornare in gelateria, desiderosa di condividere la sua avventura con la sua famiglia.

Quando arrivò a casa, i suoi genitori erano lì ad aspettarla con espressioni preoccupate. "Marta! Dov'eri?" esclamò sua madre.

Marta abbracciò strettamente i suoi genitori. "Sono andata in un'avventura e ho trovato la Fata del Gelato! Mi ha insegnato come fare il gelato magico e ha esaudito il mio desiderio."

I suoi genitori si scambiarono occhiate scettiche ma divertite. "Gelato magico, dici?" rise suo padre. "Bene, vediamo questa magia."

Marta li condusse nella cucina della gelateria e ricreò il gelato che aveva fatto nella grotta. I suoi genitori guardarono in soggezione mentre lavorava, i loro occhi si spalancarono mentre assaggiavano il prodotto finale. Il gelato al limone e fragola era diverso da qualsiasi cosa avessero mai assaggiato—esplosivo di sapore, freschezza e un tocco di qualcosa di veramente speciale.

Man mano che la voce del gelato magico di Marta si diffondeva, persone da ogni dove accorrevano a "Gelato Fantastico". La gelateria divenne ancora più popolare, e la felicità che Marta aveva desiderato riempì la loro famiglia e l'intera città. Risate e musica spesso riecheggiavano per le strade di Amalfi mentre la gente godeva del loro gelato e della compagnia dei propri cari.

Passarono gli anni, e Marta crebbe fino a diventare la nuova proprietaria di "Gelato Fantastico". Non dimenticò mai la lezione imparata dalla Fata del Gelato—che la vera magia del gelato risiedeva nell'amore e nella gioia che vi si metteva. Continuò a creare nuovi e incantevoli gusti, ciascuno realizzato con la stessa passione e cura che aveva fatto avverare il suo desiderio.

E così, nella bellissima città costiera di Amalfi, dove il mare scintillava sotto il sole e gli alberi di limoni punteggiavano le colline, la leggenda di Marta e del suo gelato magico continuava a vivere. La storia della sua avventura veniva tramandata di generazione in generazione, un racconto amato di curiosità, coraggio e del potere dell'amore nel creare magia.

Il gelato di Marta divenne un simbolo di felicità e unità, ricordando a tutti che le cose più dolci della vita sono fatte con amore. E ogni volta che il sole tramontava sulla Costiera Amalfitana, gettando un bagliore dorato sulla città, la gente si riuniva al "Gelato Fantastico" per gustare una coppa del gelato magico di Marta e celebrare l'amore e la gioia che riempivano le loro vite.

Marta and the Magical Gelato Adventure

IN THE CHARMING COASTAL town of Amalfi, Italy, where the sea sparkled under the sun and lemon trees dotted the hillsides, lived a lively girl named Marta. With her twinkling brown eyes, dark, curly hair, and a spirit as bright as the Mediterranean sky, Marta was known for her boundless curiosity and love of sweets.

Marta's family owned the most famous gelateria in town, "Gelato Fantastico," which was renowned for its delicious and inventive flavors. People came from far and wide to taste the creamy, dreamy gelato made with love and the freshest ingredients. Marta's parents, Signora and Signor Rossi, ran the gelateria with passion, and Marta loved helping them create new flavors.

One sunny afternoon, as Marta was experimenting with a new lemon-basil gelato, her Nonna, who was known for her whimsical stories, called her over. "Marta, my dear, have I ever told you about the legend of the Magical Gelato?"

Marta's eyes widened with excitement. "No, Nonna! Please tell me."

Nonna's eyes twinkled as she began her tale. "Long ago, in the heart of the Amalfi Coast, there was a secret recipe for a gelato so magical that it could grant wishes. This recipe was guarded by the Gelato Fairy, who lived in the Enchanted Cave on the edge of the sea. It is said that only those with pure hearts and a true love for gelato can find the cave and be granted a wish."

Marta was captivated by the story. "Nonna, do you think the Gelato Fairy is real? Could we find the cave and make a wish?"

Nonna smiled mysteriously. "Who knows, my dear? The world is full of magic if you know where to look."

That night, as Marta lay in bed, she couldn't stop thinking about the legend. She dreamed of finding the Enchanted Cave and meeting the Gelato Fairy. When she woke up, she was filled with determination. She would embark on an adventure to find the magical gelato recipe and make a wish that could bring joy to her family and the whole town.

The next morning, after helping her parents at the gelateria, Marta packed a small bag with essentials: a bottle of water, some biscotti, and a little notebook to jot down any important discoveries. She kissed her parents goodbye, promising to be back before sunset, and set off towards the coastline.

As she walked along the winding paths of Amalfi, the scent of blooming flowers and the sound of the sea filled the air. Marta followed the clues from Nonna's story, her heart pounding with excitement. She passed lemon groves, olive trees, and colorful houses perched on the cliffs, until she reached a secluded beach with a rocky outcrop jutting into the sea.

There, hidden among the rocks, she found a narrow entrance that led into a dark cave. Marta took a deep breath and stepped inside. The cave was cool and damp, with the sound of dripping water echoing through the darkness. She felt her way along the walls, her fingers brushing against the smooth, cold stone.

Suddenly, the cave opened up into a vast chamber, illuminated by a soft, glowing light. In the center of the chamber stood a magnificent, shimmering figure—the Gelato Fairy. She had flowing hair like spun sugar, wings that sparkled like frost, and a smile that radiated warmth and kindness.

"Welcome, Marta," the Gelato Fairy said in a voice as sweet as honey. "I have been waiting for you."

Marta's heart raced. "Are you really the Gelato Fairy? Is it true that you can grant wishes?"

The Gelato Fairy nodded. "Yes, my dear. But to earn your wish, you must first create a gelato that embodies the magic of your heart. You have everything you need here in this cave. Trust your instincts, and let your love for gelato guide you."

With that, the Gelato Fairy waved her hand, and a beautiful gelato-making station appeared, complete with ingredients from all over the world—fresh fruits, nuts, chocolates, and more. Marta's eyes sparkled with excitement as she began to work. She mixed and tasted, combined and adjusted, pouring all her creativity and love into the gelato.

After hours of careful preparation, Marta finally created a gelato that she felt was truly magical. It was a blend of lemon and wild strawberry, with a hint of mint and a swirl of honey. She offered a spoonful to the Gelato Fairy, who tasted it and smiled.

"This is perfect, Marta. Your gelato is filled with the love and joy you have for your family and your town. Now, close your eyes and make your wish."

Marta closed her eyes and made a wish from the depths of her heart. "I wish for our gelateria to always bring happiness to everyone who visits, and for our family to be filled with love and laughter forever."

The Gelato Fairy nodded, her eyes sparkling with approval. "Your wish is granted, Marta. Remember, the true magic lies in the love you put into your gelato and the happiness you bring to others."

With a wave of her hand, the Gelato Fairy sent Marta back to the entrance of the cave. As Marta stepped out into the sunlight, she felt a sense of wonder and fulfillment. She hurried back to the gelateria, eager to share her adventure with her family.

When she arrived home, her parents were waiting with worried expressions. "Marta! Where have you been?" her mother exclaimed.

Marta hugged her parents tightly. "I went on an adventure, and I found the Gelato Fairy! She taught me how to make magical gelato and granted my wish."

Her parents exchanged skeptical but amused glances. "Magical gelato, you say?" her father chuckled. "Well, let's see this magic of yours."

Marta led them to the gelateria's kitchen and recreated the gelato she had made in the cave. Her parents watched in awe as she worked, their eyes widening as they tasted the final product. The lemon-strawberry gelato was unlike anything they had ever tasted—bursting with flavor, freshness, and a touch of something truly special.

As word of Marta's magical gelato spread, people from all over flocked to "Gelato Fantastico." The gelateria became even more popular, and the happiness that Marta had wished for filled their family and the entire town. Laughter and music often echoed through the streets of Amalfi as people enjoyed their gelato and the company of loved ones.

Years passed, and Marta grew up to become the new owner of "Gelato Fantastico." She never forgot the lesson she learned from the Gelato Fairy—that the true magic of gelato lay in the love and joy put into it. She continued to create new and enchanting flavors, each one crafted with the same passion and care that had made her wish come true.

And so, in the beautiful coastal town of Amalfi, where the sea sparkled under the sun and lemon trees dotted the hillsides, the legacy of Marta and her magical gelato lived on. The story of her adventure was passed down through generations, a beloved tale of curiosity, bravery, and the power of love to create magic.

Marta's gelato became a symbol of happiness and togetherness, reminding everyone that the sweetest things in life are made with love. And whenever the sun set over the Amalfi Coast, casting a golden glow over the town, people would gather at

"Gelato Fantastico" to enjoy a scoop of Marta's magical gelato and celebrate the love and joy that filled their lives.